PARIS. — IMPRIMERIE PAUL DUPONT

41, RUE JEAN-JACQUES-ROUSSEAU, 41

25795

Décret d'Institution de la Caisse de la Dette publique d'Égypte.

« Nous, Khédive d'Égypte,

« Voulant prendre des mesures définitives et opportunes pour obtenir l'unification des diverses dettes de l'État et celles de la Daïra Sanieh, ainsi que la réduction des charges excessives résultant de ces Dettes,

« Et, voulant donner un témoignage solennel de Notre ferme intention d'assurer toutes garanties aux intérêts engagés,

« Avons résolu d'instituer une Caisse spéciale chargée du service régulier de la Dette publique, et de nommer à sa direction des Commissaires étrangers, lesquels seront, sur notre demande, indiqués par les Gouvernements respectifs, comme fonctionnaires aptes à remplir le poste auquel ils seront nommés par Nous en qualité de fonctionnaires Égyptiens dans les conditions suivantes :

« Notre Conseil Privé entendu,

« Avons décrété et décrétons ;

Article Premier.

« Il est institué une Caisse de la Dette publique chargée de recevoir les fonds nécessaires au service des intérêts et de l'amortissement de la Dette, et de les destiner exclusivement à cet objet.

Art. 2.

« Les fonctionnaires, les caisses locales ou les administrations spéciales qui, après avoir recouvré, reçu ou concentré les revenus spécialement affectés au payement de la Dette, sont ou seront, à l'avenir, chargés de les verser au Trésor Central, ou de les tenir à la disposition des ordonnateurs des dépenses de l'État, sont, par effet du présent Décret, obligés d'en faire le versement, pour compte du

1

Trésor de l'État, à la Caisse spéciale de la Dette publique qui sera, à cet égard, considérée comme une Caisse spéciale du Trésor.

« Ces fonctionnaires, caisses et administrations ne pourront être valablement déchargés que par les quittances qui leur seront délivrées par ladite Caisse de la Dette publique. Tout autre ordre ou quittance sera sans effet.

« Ces mêmes fonctionnaires, caisses ou administrations enverront mensuellement au Ministre des finances un tableau contenant les recettes ou recouvrements faits par eux directement, ou versés par les percepteurs des revenus spécialement affectés à la Dette, et les versements faits à la Caisse spéciale de la Dette publique.

« Le Ministre des finances communiquera ces tableaux à la direction de la Caisse.

« La Caisse de la Dette publique recevra de la Daïra Sanieh la somme intégrale nécessaire au service des intérêts et de l'amortissement du montant de ses dettes unifiées.

« Elle recevra également les fonds de l'annuité due au Gouvernement anglais, et représentant l'intérêt sur les actions du Canal de Suez.

Art. 3.

« Si les versements des revenus affectés à la Dette sont insuffisants pour payer le semestre, la Caisse spéciale de la Dette publique demandera au Trésor, par le moyen du Ministre des finances, la somme nécessaire pour compléter le payement de la semestrialité; le Trésor devra lui verser cette somme quinze jours avant l'échéance.

« Si les fonds encaissés laissent un excédant sur le payement des intérêts et de l'amortissement, la Caisse spéciale de la Dette publique versera cet excédant, à la fin de chaque année, à la Caisse générale du Trésor.

« La Caisse de la Dette publique présentera ses comptes qui seront examinés et jugés comme de droit.

Art. 4.

« Les actions, qu'au nom et dans l'intérêt des créanciers, en grande partie étrangers, la Caisse et pour elle ses directeurs croiront avoir à exercer contre l'administration financière, représentée par le Ministre des finances, pour ce qui concerne la tutelle des garanties de la Dette que Nous avons confiée à la direction de ladite Caisse, seront portées dans les termes de leur juridiction devant les nouveaux tribunaux qui, suivant l'accord établi avec les Puissances, ont été institués en Égypte.

Art. 5.

« Les Commissaires désignés, comme il est dit plus haut, auront la direction de la Caisse spéciale de la Dette publique.

« Ils seront nommés par Nous pour cinq ans et siégeront au Caire.

« Leurs fonctions pourront être continuées à l'expiration des cinq ans, et en cas de décès ou de démission de l'un d'eux, la nomination nouvelle sera faite par Nous, dans la forme des nominations primitives. Ils pourront confier à l'un d'eux les fonctions de Président, lequel en donnera avis au Ministre des finances.

Art. 6.

« Les frais de change, d'assurance et de transport d'espèces à l'étranger, ainsi que commissions pour payement des coupons seront à la charge du Gouvernement.

« Les directeurs de la Caisse prendront les accords préalables avec le Ministre des finances pour toutes ces opérations ; mais le Ministre décidera si l'expédition des sommes doit être faite en groupes ou par lettres de change.

Art. 7.

« La Caisse ne pourra employer aucun fond, soit ou non disponible, en opérations de Crédit, Commerce, Industries ou autres.

Art. 8.

« Le Gouvernement ne pourra, sans l'avis conforme des Commissaires qui dirigent la Caisse de la Dette publique, pris à la majorité, porter dans aucun des impôts spécialement affectés à la Dette, des modifications qui pourraient avoir pour résultat une diminution de la rente de cet impôt. Toutefois le Gouvernement pourra affermer un ou plusieurs de ces impôts, pourvu que le contrat de fermage assure un revenu au moins égal à celui déjà existant, et conclure des traités de commerce portant modifications aux droits de douane.

Art. 9.

« Le Gouvernement s'engage à n'émettre aucun bon du Trésor ni aucun nouveau titre et à ne contracter aucun autre emprunt de quelque nature que ce soit.

« Ce même engagement est pris au nom de la Daïra Sanieh.

« Cependant, si par des motifs d'urgence nationale, le Gouvernement se trouvait dans la nécessité de recourir au Crédit, il pourrait le faire, dans la limite du strict besoin, et sans porter aucune atteinte à l'affectation des revenus destinés à la Caisse de la Dette publique ni aucune diversion à leur versement et à leur destination.

« Ces emprunts, tout exceptionnels qu'ils soient, ne pourront être contractés qu'après l'avis conforme des Commissaires-directeurs de la Caisse.

Art. 10.

« Afin que les dispositions du précédent article ne créent pas d'obstacle à la marche de l'administration, le Gouvernement pourra établir un compte-courant auprès d'une Banque pour faciliter ses payements, moyennant anticipations à régler sur les recettes de l'année. Le solde actif ou passif en sera réglé à la fin de chaque année. Le découvert de ce compte-courant pendant l'année ne pourra jamais dépasser cinquante millions de francs.

« Fait au Caire, le 2 mai 1876.

« *Signé :* ISMAIL. »

Décret d'unification de la dette égyptienne.

« Nous, Khédive d'Égypte,

« Considérant que les emprunts contractés en 1862, 1864, 1868, 1873, 1865, 1867 et 1870, par le Gouvernement et la Daïra Sanieh, s'élevaient originairement à la somme de soixante cinq millions, quatre cent quatre-vingt-dix-sept mille, six cent soixante Livres sterling, laquelle se trouve aujourd'hui réduite à cinquante-quatre millions, sept cent quatre-vingt-treize mille, cent cinquante Livres sterling par effet des titres amortis jusqu'à ce jour;

« Considérant qu'à cette dette, contractée par des emprunts avec amortissement, vient s'ajouter la dette flottante contractée, tant par le Gouvernement que par la Daïra, pour combler le déficit résultant du défaut d'exécution intégrale du contrat relatif à l'emprunt 1873, non compris la prévision contenue dans ledit contrat, article 19, pour l'achèvement des travaux publics déjà en cours d'exécution, ainsi que pour faire face aux dépenses occasionnées par des cas de force majeure et par des calamités publiques;

« Considérant que cette dette a été en grande partie contractée par voie d'opérations de crédit qui, s'étant imposées au Gouvernement en temps de crise ou en d'autres circonstances exceptionnelles et urgentes, ont été conclues à des taux onéreux pour le Trésor de l'État;

« Considérant que pour rendre possible au Trésor et à la Daïra Sanieh de satisfaire ces différentes dettes, et pour mieux assurer dans l'avenir les intérêts des créanciers moyennant une mesure conforme aux exigences communes, il a été reconnu opportun et utile d'unifier toutes ces dettes en constituant une dette générale portant intérêt à 7 %, et remboursable en 65 ans;

« Considérant que vu le taux d'émission des divers emprunts avec amortissement, les titres relatifs à ces emprunts venant à être unifiés au pair de leur valeur nominale, profitent d'une bonification dont il est juste d'étendre le bénéfice aux porteurs des obligations de la dette flottante de l'État et de la Daïra Sanieh, dans une proportion qui établisse autant que possible l'égalité entre tous les créanciers; qu'il est équitable aussi d'accorder aux porteurs des titres des emprunts de 1864, 1865 et 1867, dont les dernières échéances sont prochaines, une compensation au prolongement plus sensible pour eux du délai d'amortissement;

« Considérant que l'annuité nécessaire au service de la dette générale unifiée s'élevant à quatre-vingt-onze millions Livres sterling, sera de six millions quatre cent-quarante-trois mille, six cents livres sterling; mais que pour déterminer la charge qui grèvera effectivement le budget ordinaire de l'État, il faut en déduire la somme de six cent quatre-vingt-quatre mille, quatre cent onze livres sterling, contribution de la Daïra Sanieh, proportionnelle à l'importance de ses dettes unifiées avec celles de l'État; qu'ainsi l'annuité à la charge de l'État est de cinq millions sept cent cinquante-neuf mille, cent quatre-vingt-neuf Livres sterling;

« Considérant que l'unification des Dettes de l'État en une seule Dette générale rendent inopportune la continuation de paiement de la Moukabalah, par laquelle le Gouvernement se proposait de pourvoir à l'extinction de la dette flottante moyennant l'anticipation de six annuités de l'impôt foncier;

« Considérant que par effet de cette anticipation, un des plus important revenus de l'État se trouverait après quelques années considérablement réduit, tandis que dans l'intérêt du Gouvernement et des créanciers de l'État ce qu'il faut, c'est que le revenu du Trésor soit assuré de manière à satisfaire aux intérêts et à l'amortissement de la dette publique, ainsi qu'aux dépenses budgétaires;

« Considérant que par ces motifs, Notre Conseil Privé Nous a proposé et Nous avons approuvé d'arrêter l'opération de la Moukabalah en accordant à ceux qui ont fait des anticipations les droits et priviléges qui leur auraient été définitivement acquis sur la propriété, seulement après payement intégral de la Moukabalah et en prenant des mesures équitables soit pour la restitution de ces anticipations, soit pour une réduction proportionnelle d'impôts; ce qui aura pour résultat d'éviter une réduction considérable dans un des principaux revenus de l'État.

Considérant d'ailleurs que pour la garantie des créanciers il était nécessaire de créer une caisse spéciale chargée de recevoir le montant des revenus affectés à la dette et d'en faire le service ;

« Notre Conseil Privé entendu,

« Avons décrété et décrétons :

Article premier.

« Toutes les dettes de l'État et celles de la Daïra Sanieh résultant des emprunts contractés en 1862, 1864, 1868, 1873, 1865, 1867, et 1870, la dette flottante de l'État et la dette flottante de la Daïra Sanieh, comprenant les Bons du Trésor et tous autres titres ou obligations, sont unifiés en une Dette générale dont les titres porteront 7 p. % d'intérêt sur le capital nominal et seront amortissables en 65 ans par tirages semestriels.

« L'unification est faite au pair du taux nominal des titres des anciens emprunts pour les emprunts 1862, 1868, 1870, et 1873.

« Les titres de la dette générale seront délivrés : à 95 p. % de leur capital nominal aux porteurs des titres des emprunts 7 % 1864, 1865, et 9 p. % 1867. Pour ce dernier emprunt, la différence du taux de l'intérêt sera capitalisée en titre au profit des porteurs. A 80 p. % de leur capital nominal aux porteurs des titres des dettes flottantes de l'État et de la Daïra Sanieh, sous forme de Bons du Trésor et autres titres ou obligations qui les constituent.

Par effet de cette opération, la dette générale unifiée sera de quatre-vingt-onze millions de Livres sterling en valeur nominale, jouissance du 15 juillet 1876.

Art. 2.

La dette emprunt et la dette flottante de la Daïra Sanieh est tenue de verser annuellement à la Caisse de la Dette publique la somme de six cent quatre-vingt-quatre mille, quatre cent onze Livres ster-

ling représentant sa part proportionnelle dans l'annuité totale nécessaire au service de la Dette, pour intérêts et amortissement.

Art. 3.

« Les revenus affectés spécialement au service de la Dette générale sont :

Moudirieh de Garbieh . . . . £	1,201,523
Moudirieh de Menoufieh	714,107
Moudirieh de Behera.	421,312
Moudirieh de Siout	732,179
Octrois du Caire.	315,389
Octrois d'Alexandrie.	173,837
Douanes d'Alexandrie, Suez, Damiette, Rosette, Port-Saïd et El-Arich	639,677
Chemins de fer.	990,806
Droits des Tabacs.	261,015
Revenus du Sel.	200,000
Fermage de Matarieh	60,000
Revenus des Écluses et droits de navigation sur le Nil jusqu'à Wady Halfa	30,000
Pont de Kasr-el-Nil	15,000
	£ 5,790,845
Contribution de la Daïra qui sera payée au fur et à mesure de ses rentrées	684,411
Total général des revenus affectés. .	£ 6,475,256

Art. 4.

« Les titres de la Dette générale unifiée seront de vingt, cent,
cinq cents et mille Livres sterling, avec coupons payables semestriel-
lement.

« Le tirage des titres pour l'amortissement semestriel sera fait par les commissaires directeurs de la Caisse de la Dette publique,

« Ces titres seront délivrés en échange des titres des anciens emprunts et des titres de la Dette flottante, aux conditions prescrites dans l'article 1er du présent Décret.

Art. 5.

« Un groupe composé de maisons de banque et d'établissements financiers s'est chargé par contrat de l'opération de l'unification de la Dette. Des commissaires spéciaux du Gouvernement seront nommés par Nous pour surveiller l'exécution régulière de ces opérations.

Art. 6.

« Pour le service de la Dette unifiée est créé une Caisse spéciale dont les statuts sont arrêtés par notre précédent Décret qui doit être considéré comme complément du présent Décret.

Art. 7.

« Notre Ministre des Finances est chargé du présent Décret.

« Fait au Caire, le 7 mai 1876.

« *Signé :* ISMAIL. »

Décret portant Institution du Conseil Suprême du Trésor

« Nous Khédive d'Égypte,

« Notre Conseil privé entendu,

« Avons décrété et décrétons :

2

TITRE PREMIER

Institution du Conseil Suprême du Trésor et ses attributions.

ARTICLE PREMIER

« Il est institué un Conseil Suprême du Trésor.

« Ce Conseil sera divisé en trois sections.

« La première aura la dénomination d'inspection générale des revenus et des Caisses de l'État.

« La seconde celle de section de surveillance des recettes et des dépenses.

« La troisième celle de section pour le jugement des comptes.

« Les trois sections fonctionneront séparément ou réunies suivant les cas et les modes prévus par le présent Décret.

ART. 2.

« La première section sera chargée de l'inspection de la Trésorerie centrale et de la surveillance de sa comptabilité.

« Cette inspection et cette surveillance s'étendront à tout autre caisse qu'on pourra établir pour quelque service spécial.

« La section ou celui des membres qui sera délégué par elle, aura la faculté de prendre en tous temps connaissance de l'état de ces caisses, et d'en vérifier les écritures.

« Les rapports des Inspecteurs chargés par le Ministre des Finances de l'inspection des autres caisses et des caisses de perception, seront communiqués par lui au Conseil Suprême.

« Cette section surveillera l'exacte rentrée de tous les revenus et l'exécution de leur emploi.

« Tout abus ou irrégularité sera par eux dénoncé au Conseil

Suprême et poursuivi devant la seconde section contre les agents responsables, dans les termes des articles suivants.

« L'Inspecteur délégué par la section ne pourra prendre que des résolutions provisoires ; il faut une délibération de la section pour les rendre définitives.

Art. 3.

« La seconde section seule ou réunie conformément aux dispositions suivantes :

A « Fera l'examen préalable de tous les engagements qui auront pour effet une dépense à la charge du Budget de l'État, et de tous les ordres ou mandats de payement ou ouvertures de crédit en faveur des fonctionnaires autorisés à expédier des bons de payement, jusqu'à la concurrence de la somme mise à leur disposition.

B « Vérifiera ces bons de payement et prononcera sur la responsabilité des fonctionnaires qui auront fait des dépenses ou des payements non justifiés.

C « Si un engagement, un ordre ou un mandat manque de justification ou des formes régulières, ou s'il est fait par une autorité incompétente, la section en fera l'observation au Ministre des finances ; et dans le cas que l'administration persiste, l'acte ne pourra devenir exécutoire que par une délibération du Conseil Privé. L'acte ainsi approuvé sera enregistré par ordre.

« Chaque mois la section remettra au Ministre des finances, pour être remise au Secrétariat du Khédive, une note des actes enregistrés par ordre ; une copie de cette note sera communiquée aux autres sections du Conseil.

D « Tout engagement portant dépense, tout ordre ou mandat de payement ou ouverture de crédit dont le montant réuni aux sommes de la même nature déjà engagées ou dépensées, excède la prévision du Budget ou crée une dépense nouvelle, pour laquelle aucune somme ne se trouve assignée dans le Budget, sera suspendu par une délibération qui en expliquera les motifs.

« Le Conseil Privé avisera, et dans le cas qu'il juge la dépense nécessaire, et que Son Altesse le Khédive l'approuve, on expédiera un Décret spécial qui, ordonnant la dépense, indiquera en même temps les moyens pour y pourvoir.

« En conséquence de ce Décret, on fera dans le passif ainsi que dans l'actif du Budget les modifications ou les nouvelles inscriptions qui seront nécessaires pour pourvoir à son exécution.

E « Cette section veillera sur l'exact versement des recettes dans les caisses du Trésor.

Art. 4.

« Sur la requête du Ministre des finances ou sur les rapports des Inspecteurs transmis par l'intermédiaire du Ministre des finances, elle prononcera des arrêtés, ayant force exécutoire, contre tout agent de la perception qui, ayant recouvré des sommes, ne les aura pas versées dans une des Caisses qui seront indiquées à l'avance par le Ministère des finances : contre tout agent ou caissier qui n'aura pas régulièrement fait les versements et contre les caissiers qui auront fait des payements abusifs ou irréguliers.

« Est considéré comme abusif et irrégulier tout payement fait sur un acte sans l'accomplissement des formes prescrites par la loi.

« Ce payement est nul et reste à la charge de celui qui l'aura exécuté. Parmi ces formes il faut compter, comme une des plus essentielles, celles que les règlements prescrivent pour déterminer la qualité du titre qui peut donner droit aux payements auprès des différentes caisses, ou les obliger à une remise de fonds. En ce cas, le caissier est responsable des payements faits en exécution de toute autre espèce d'ordre ou mandat ayant une forme différente.

« Il suffit, pour libérer la responsabilité du payeur, que les formes de l'acte soient en règle et que les formalités prescrites aient été remplies, quel que soit le mérite de la dépense.

« Dans le cas prévu à la lettre **D** de l'article précédent, s'il y a désaccord entre les membres de la deuxième section sur la définition de la dépense ou sur la suffisance des fonds pour la payer, la question sera résolue par la première et la deuxième section réunies.

« Ces sections réunies délibéreront aussi sur les mandats et ordres de payement qui arriveraient aux caisses dépourvus de l'enregistrement auprès du Conseil du Trésor.

Art. 5.

« La troisième section jugera et arrêtera les comptes de tous les comptables qui seront obligés par les règlements à donner un compte judiciaire.

« L'examen des comptes sera fait par les référendaires comptables dout il sera parlé au Titre III.

« Le compte général consomptif sera arrêté et les comptes généraux de la Trésorerie seront jugés par la réunion de la troisième et de la première section.

« Les comptables qui se croiront lésés par ces jugements auront le droit de les faire réviser par la réunion de la première et de la deuxième section.

Art. 6.

« Le Conseil Suprême du Trésor a le droit de demander aux Ministres et aux chefs des différentes administrations de l'État, toutes les informations et les documents qui se rapportent à l'exercice de ses fonctions.

« Il a aussi le devoir de dénoncer au Conseil Privé et aux Ministres, en avisant en même temps le Ministre des Finances, les infractions aux lois et aux règlements relatifs à l'administration financière de l'État, et dont il aura pris connaissance en remplissant les attributions qui lui sont confiées.

« Il a aussi le mandat de présenter au Conseil privé par l'intermédiaire du Ministre des Finances, à la fin de chaque année financière, un rapport sur la situation générale du Trésor de l'État, sur la marche générale de la comptabilité de l'État, et sur les réformes utiles qu'on pourrait introduire dans le service comptable et dans l'administration financière des dépenses et des recettes.

TITRE II.

Formation du Budget de l'État.

ARTICLE PREMIER.

« Trois mois avant que la gestion d'une année financière soit arrivée à son terme, le Ministre des Finances arrêtera le Budget de l'année suivante.

« Les recettes et les dépenses seront distinctes suivant leur nature et spécifiées autant que possible.

« Le projet du Budget sera soumis au Conseil Suprême du Trésor pour entendre ses avis et les idées qu'il pourra suggérer pour en rendre la rédaction meilleure et plus exacte.

ART. 2.

« A la fin de l'année budgétaire on arrêtera un compte de caisse qui comprendra tous les payements effectivement faits et toutes les recettes effectivement encaissées.

ART. 3.

« On ajoutera au Budget présomptif déjà arrêté pour l'année suivante et sous la dénomination de résidus actifs, toutes les différences entre les recettes présumées et les recettes ensaissées, ainsi que les autres crédits non réalisés, et sous la dénomination de résidus passifs, les différences entre les dépenses prévues et les payements faits.

« Après trois mois de la nouvelle gestion, on réduira ces diffé-

rences à leur juste valeur en réduisant les recettes présumées et
arriérées et les dépenses à faire dans une plus juste mesure que celle
qui avait été originairement prévue.

« Le Budget définitif de l'année sera composé de ces divers
éléments.

Art. 4.

« Un premier exemplaire du Budget, du tableau des résidus actifs
et passifs et de leurs rectifications successives sera remis au Ministère des Finances : un second exemplaire sera déposé au Conseil
Suprême du Trésor.

TITRE III.

Composition et organisation des trois Sections du Conseil Suprême du Trésor.

ARTICLE PREMIER.

« Le Conseil suprême du Trésor sera composé de dix Conseillers, dont cinq indigènes et cinq étrangers et d'un Président nommé
par Son Altesse le Khédive.

« Il y aura un Secrétariat général du Conseil.

Art. 2.

« La première section sera composée de trois membres étrangers.

« Elle sera présidée tour à tour par un de ses membres par
ordre d'ancienneté d'âge. Le Président restera en fonctions six
mois.

Art. 3.

« La seconde section sera composée de cinq membres, c'est-à-dire de quatre Conseillers, dont deux étrangers, et deux indigènes et du Président du Conseil, qui sera aussi Président de section. Cette section choisira dans son sein un Vice-Président.

« Un des Membres de cette section sera par elle délégué pour remplir les fonctions do Ministère Public. Le Président du Conseil Suprême déléguera un des référendaires, dont il est question à l'article 4 suivant, pour remplir les fonctions de substitut du Ministère Public.

« A la dépendance de cette section sera institué un bureau pour la tenue des livres en rapport aux Budgets et pour l'enregistrement des actes soumis à son examen par le présent Décret.

Art. 4.

« La troisième section sera composée de trois membres indigènes.

« A cette section sera ajouté un corps de six référendaires des comptes. Deux de ces référendaires, parmi lesquels se trouvera celui qui a examiné le compte, interviendront avec vote dans la section appelée à juger. Deux de ces référendaires seront étrangers.

Art. 5.

« La nomination des Membres du Conseil et du Secrétaire général sera faite par Décret de Son Altesse le Khédive. Les conditions de traitement et autres seront fixées par leurs contrats d'engagements respectifs.

Art. 6.

« La destitution, la privation des fonctions, aussi bien que la retraite par autorité d'un membre du Conseil Suprême du Trésor, ne peut-être ordonnée que par Décret de Son Altesse le Khédive, rendu sur l'avis conforme de Son Conseil Privé. »

Art. 7.

« Le Conseil Suprême fera son Règlement pour le service inté-
rieur, pour l'organisation de son secrétariat général et de ses diffé-
rents bureaux et pour la distribution des affaires. »

« Fait au Caire, le 11 mai 1876. »

« *Signé :* ISMAIL. ».

Décret de nomination du Président du Conseil supérieur du Trésor.

« Nous Khédive d'Égypte,

Vu Notre Décret en date du 11 mai 1876, relatif à l'institution d'un
Conseil Suprême du Trésor,

« Monsieur le Commandeur Scialoja, Sénateur du Royaume
d'Italie, ayant bien voulu accepter à titre temporaire et sans appoin-
tements fixes d'organiser le Conseil suprême du Trésor et de le
présider. »

« Nous lui confions cette mission par le présent Décret. »

« Fait au Caire, le 14 mai 1876. »

« *Signé :* ISMAIL. »

Décret de nomination des Commissaires-Directeurs de la Caisse de la Dette publique.

« Nous Khédive d'Égypte,

« Vu notre Décret en date du 2 Mai 1876, relatif à l'institution
de la Caisse de la Dette Publique,

« Avons décrété et décrétons :

« Sont nommés Commissaires-Directeurs près la Caisse de la Dette Publique :

MM.

De Kremer,

De Blignières,

Baravelli.

« La Caisse de la Dette Publique commencera son fonctionnement le 10 juin 1876.

« Fait au Caire, le 22 mai 1876.

« *Signé :* ISMAIL. »

Décret portant approbation du Règlement pour l'exécution du décret du 7 mai 1876, relatif à l'unification de la Dette publique d'Egypte.

« Nous Khédive d'Egypte,

« Notre Conseil Privé entendu,

Avons décrété et décrétons :

« Est approuvé le Règlement en date de ce jour dont la teneur suit, arrêté selon Notre ordre par Notre Ministre des Finances et concernant l'exécution de Notre Décret du 7 mai 1876, relatif à l'Unification de la Dette Publique d'Egypte.

« Fait au Caire, le 25 Mai 1876.

« *Signé:* ISMAIL. »

Règlement concernant l'exécution du Décret de S. A. le Khédive, en date du 7 mai 1876, relatif à l'unification de la Dette Publique d'Egypte.

ARTICLE PREMIER.

« Les titres de la Dette Publique d'Egypte 7 % unifiée par Décret du 7 mai 1876, seront délivrés jouissance du 15 juillet 1876, amortissables au pair en 65 ans par tirages semestriels.

ART. 2.

« Ces titres seront au porteur par Coupures de cinq cents francs, deux mille cinq cents francs, douze mille cinq cents francs, et vingt-cinq mille francs, ou bien par coupures de Livres vingt, cent, cinq cents, et mille Sterling, au choix des intéressés lors de l'émission, et d'ici au 15 juillet 1876.

ART. 3.

« Ils seront rédigés en langue française et langue anglaise, revêtus du timbre français ou anglais, au choix des intéressés et aux frais du Gouvernement Egyptien; ils seront munis pour soixante-cinq ans de Coupons semestriels payables les 15 janvier, 15 juillet de chaque année; le payement des premiers coupons aura lieu le 15 janvier 1877.

ART. 4.

« Ces titres seront signés par deux représentants du Gouvernement Egyptien dont un au moins choisi parmi les Commissaires-Directeurs de la Caisse de la Dette publique d'Égypte, instituée par Décret du 2 Mai 1876; ils ne pourront être frappés d'aucun impôt par le Gouvernement Égyptien.

Art. 5.

« Les tirages semestriels d'amortissement s'effectueront au Caire en séance publique, par les Commissaires-Directeurs de la Caisse de la Dette publique d'Égypte ; ils auront lieu les 15 Avril et 15 Octobre de chaque année ; le premier tirage aura lieu le 15 Octobre 1876.

« Le remboursement des titres sortis aux tirages s'effectuera en même temps que le payement du coupon qui suivra le tirage, soit le 15 Janvier 1877 pour les titres sortis aux tirages du 15 Octobre 1876.

Art. 6.

« Les coupons seront payés et les titres sortis aux tirages seront remboursés en or, sans retenue d'aucune espèce, au Caire, à Paris et à Londres.

Art. 7.

« Les titres de la Dette unifiée étant délivrés valeur du 15 Juillet 1876, tous les coupons des anciens titres arrivant à échéance avant cette date, seront payés en or, à leur échéance et sur leur présentation ; quand aux fractions de coupons des anciens titres acquises aux porteurs au 15 Juillet 1876, elles seront payées en or, au moment de l'échange de ces anciens titres contre les titres de la dette unifiée.

Art. 8.

« L'échange des titres s'effectuera dans les conditions suivantes :

« 1° Pour les emprunts de 7 % 1862, 1868, 1870 et 1873, l'échange se fera au pair, c'est-à-dire que les titres anciens seront échangés contre des titres nouveaux d'égale valeur nominale ;

« 2° Pour les Emprunts 7 % 1864, 1865, et 9 % 1867, l'échange se fera à 95 %, c'est-à-dire que pour 95 titres anciens on recevra 100 titres nouveaux, chacun de valeur nominale égale à celle de chacun des 95 titres anciens.

« Les porteurs do l'Emprunt 9 % 1867 recevront, on outre, on titres nouveaux la différence do 2 % d'intérêts, différence qui sera capitalisée à leur profit de façon à co que, dans les mêmes conditions quo pour les porteurs des autres titres, il leur sera donné l'équivalent exact de leurs titres actuels.

« 3° Pour les dettes flottantes, l'échange se fera à 80 %, c'est-à-dire que pour 80 titres de 500 francs chacun des dettes flottantes, on recevra 100 titres nouveaux d'une valeur nominale de 500 francs chacun.

« Toutefois les titres de la dette unifiée étant délivrés jouissance du 15 juillet 1876, les porteurs des titres des dettes flottantes dont l'échéance est antérieure au 15 juillet 1876, recevront en addition du montant de leurs titres, en nouveaux titres à 80 %, l'intérêt au taux de 7 % l'an, sur le montant de leurs titres des dites dettes flottantes calculé de l'échéance à la date du 15 juillet 1876, tandis que les porteurs des titres des dettes flottantes dont l'échéance est postérieure au 15 juillet 1876, subiront un escompte au taux de 7 % l'an sur le montant de leurs titres des dites dettes flottantes, calculé du 15 juillet 1876 à la date de l'échéance.

Art. 9.

Il ne sera délivré aucune Coupure de titres de la dette unifiée pour les fractions inférieures à 500 fr. ou £ 20 St., les soultes qui seront dues pour obtenir un titre de 500 fr. ou £ 20 St. devront être payées en espèces à 80 % du nominal ; toutefois, il pourra être délivré des récépissés provisoires pour les fractions et plusieurs fractions pourront être réunies pour obtenir la délivrance d'un seul titre.

Art. 10.

Tous les titres, soit des anciens emprunts, soit des dettes flottantes présentés à l'échange seront vérifiés par un représentant du Gouvernement Égyptien ; ces anciens titres seront annulés, lors de leur présentation.

Art. 11.

« Lorsque les titres, soit des anciens Emprunts soit des dettes flottantes, seront présentés à l'échange, si les nouveaux titres ne sont point encore en état d'être délivrés, il devra être remis aux porteurs, des récépissés provisoires constatant le dépôt, et contenant l'indication des titres déposés et toutes autres d'usage.

Art. 12.

« La remise des titres de la dette unifiée sera valablement effectuée aux porteurs soit des anciens titres, soit des récépissés provisoires qui auraient été délivrés en échange des titres déposés.

Art. 13.

« Les opérations d'échange de titres seront faites sans frais pour les porteurs, qui devront, toutefois, se présenter aux endroits qui seront indiqués pour l'échange des titres.

« Les opérations commenceront le 31 mai 1876, un avis ultérieur indiquera l'époque de leur clôture.

Art. 14.

« Toutes les opérations concernant l'unification de la Dette publique d'Égypte seront effectuées par le Comptoir d'Escompte de Paris et ses succursales ; elles seront centralisées à Paris, au Siége de cet Établissement, qui pourra désigner des Correspondants pour l'échange des titres, partout où il le jugera convenable.

« Par ordre de Son Altesse le Khédive.

« Fait au Caire, le 25 mai 1876.

« Le Ministre des Finances d'Égypte,

« Signé : ISMAIL SADDIK. »

Paris-Imp. PAUL DUPONT, 4, rue Jean-Jacques-Rousseau. 2623.7.76